Révision des Listes Electorales
POUR 1906

1. — Les élections pour le renouvellement général de la Chambre des députés auront sans doute lieu le dimanche 29 avril 1906.

Elles se feront sur les listes électorales actuellement en préparation et qui seront closes le 31 mars prochain.

Tout électeur *inscrit* sur les listes a le droit de voter. Il est donc essentiel de se faire inscrire à temps.

2. — Chaque année il est apporté à la liste électorale des *additions* et des *retranchements*, par une commission composée du maire, d'un délégué du préfet et d'un délégué du conseil municipal. Les réclamations sont jugées par une commission composée des mêmes membres, auxquels s'adjoignent deux délégués du conseil municipal. (Lois du 7 juillet 1874 et du 30 nov. 1875.)

3. — A leur session de novembre dernier, les conseils municipaux ont nommé leurs délégués et le travail de révision des listes est commencé dans les mairies.

Il nous a semblé que le moment était venu de donner quelques explications sur la révision des listes électorales.

4. — Une révision sérieuse est le plus sûr moyen de préparer de bonnes élections. La gravité des circonstances impose à chaque électeur le devoir étroit d'user de ses droits et de conseiller à ses amis d'en user.

L'électeur ignore trop souvent l'étendue de ses droits. C'est dans l'espoir de les lui faire connaître que nous publions ce travail. Ayant rempli pendant plusieurs années les fonctions de secrétaire de mairie, nous avons souvent pris une part active à la révision des listes électorales et avons acquis en la matière une certaine expérience que nous mettons volontiers à la disposition de nos amis.

Epoques et délais des diverses opérations relatives à la révision de liste électorale.

5. — La période de révision s'ouvre le 1er janvier 1906 ; elle sera close le 4 février *à minuit*.

Voici le tableau des époques et délais des diverses opérations relatives à cette révision :

NATURE DES OPÉRATIONS	Nombre de jours.	Termes des délais.
Préparation des tableaux de rectification..................	10	10 janvier.
Délai pour dresser lesdits tableaux....................	4	14 —
Publication des tableaux de rectification.................	1	15 —
Délai ouvert aux réclamations....................	20	4 février.
Délai pour les décisions des commissions chargées du jugement des réclamations.......	5	9 —
Délai pour la notification des dernières décisions de ces commissions	3	12 —
Délai d'appel devant le juge de paix	5	17 —
Délai pour les décisions du juge de paix..................	10	27 —
Délai pour les notifications des décisions des juges de paix...	3	2 mars.
Clôture définitive des listes..	»	31 —

I

Conditions générales de l'électorat

6. — D'après l'article 14 de la loi du 5 avril 1884, « sont électeurs tous les » français âgés de 21 ans accomplis, et

» n'étant dans aucun cas d'incapacité
» prévu par la loi:

» La liste électorale comprend : 1° tous
» les électeurs qui ont leur domicile réel
» dans la commune, **ou** y habitent de-
» puis six mois au moins ; 2° ceux qui y
» auront été inscrits au rôle d'une des
» quatre contributions directes ou au
» rôle des prestations en nature, et, s'ils
» ne résident pas dans la commune, au-
» ront déclaré vouloir y exercer leurs
» droits électoraux. — Seront également
» inscrits, aux termes du présent para-
» graphe, les membres de la famille
» des mêmes électeurs compris dans la
» cote de la prestation en nature, alors
» même qu'ils n'y sont pas personnelle-
» ment portés, et les habitants qui, en
» raison de leur âge ou de leur santé,
» auront cessé d'être soumis à cet impôt ;
» 3° ceux qui, en vertu de l'article 2 du
» traité du 10 mai 1871, ont opté pour la
» nationalité française et déclaré fixer
» leur résidence dans la commune, con-
» formément à la loi du 19 juin 1871 ; 4°
» ceux qui sont assujettis à une résidence
» obligatoire dans la commune en qualité
» soit de ministres des cultes reconnus par
» l'Etat, soit de fonctionnaires publics.

» Seront également inscrits les citoyens
» qui, ne remplissant pas les conditions
» d'âge et de résidence ci-dessus indi-
» quées lors de la formation des listes, les
» rempliront avant la clôture définitive.

» L'absence de la commune, résultant
» du service militaire, ne portera aucune
» atteinte aux règles ci-dessus édictées
» pour l'inscription sur les listes électo-
» rales... »

Quelques explications sont indispensa-
bles sur chacune des conditions requises
pour l'inscription :

7. — 1° *Etre français*. La nationalité
se prouve par toute pièce établissant la
naissance en France. (*C. Cassation*, 11 juin
1863), ou l'*option*, ou encore par la production de *lettres de naturalisation*. En
cas de doute sur la nationalité, le juge de
paix doit renvoyer les parties à se pourvoir devant le juge compétent. (*Cassation*, 30 avril 1888.)

8. — *2° Avoir 21 ans accomplis* avant
le 1er avril 1906, c'est-à-dire être né avant
le 1er avril 1885. — En cas de difficulté,
l'âge se prouve par l'extrait de naissance.
Pour faciliter la justification de l'âge, l'article 24 du décret organique du 2 février
1852 a décidé que les extraits de naissance nécessaires pour prouver l'âge des
électeurs seront délivrés gratuitement,
sur papier libre, à tout réclamant, avec
énonciation en tête de leur destination
spéciale, afin qu'on ne puisse s'en servir
pour un autre usage. L'acte de naissance
peut être suppléé par toute autre pièce
probante, telle qu'un acte de mariage, un
livret militaire, un livret de famille, etc.

9. — *3° Jouir de ses droits civils et
politiques.* — Il serait trop long de pu-
blier ici le tableau des incapacités électorales. (Décret du 2 février 1852.) Les
maires et secrétaires de mairie consulte-
ront le *Recueil des actes administratifs
de la préfecture des Côtes-du-Nord*, n° 3
de 1889, page 40, pour l'inscription de
diverses catégories de condamnés à l'expiration ou à la remise de leur peine.
(Exécution de la loi du 24 Janvier 1899,
modifiant les articles 15 et 16 du décret
organique du 2 février 1852).

Aux termes de la loi du 4 mars 1889
portant modification à la législation des
faillites, les débiteurs admis au bénéfice
de la liquidation judiciaire sont *électeurs*
sans toutefois devenir *électeurs éligibles*.
Le même bénéfice est accordé aux anciens
faillis concordataires ou excusables
et à ceux dont le concordat aura été
homologué ou l'excusabilité reconnue
après la promulgation de la nouvelle loi
bien que la faillite ait été antérieurement
prononcée, sous la réserve que la qualité
d'électeur leur soit reconnue par jugement
et dans les délais déterminés. (*Recueil des
Actes administratifs de la Préfecture
des Côtes-du-Nord*, 1900, p. 357).

10. — La capacité étant la règle, l'incapacité est l'exception. Aussi la Mairie
ne peut pas exiger de celui qui ré-
clame son inscription sur la liste
électorale la production de son casier
judiciaire pour établir qu'il n'est
frappé d'aucune incapacité (Cass. 9
avril 1888 et 2 mai 1892.) Nous appelons
sur cette prescription toute l'attention de
nos lecteurs.

PETIT GUIDE

DE LA

VISION DES LISTES ÉLECTORALES

POUR 1906

par Guillaume CORFEC

Directeur de « l'Indépendance Bretonne » et de « l'Electeur des Côtes-du-Nord »

Suivi du texte

DE LA LOI DU 9 DÉCEMBRE 1905

SUR

la Séparation des Eglises et de l'Etat

ET DE

RENSEIGNEMENTS ÉLECTORAUX

Concernant le Département des Côtes-du-Nord

PRIX : { L'exemplaire............. 0 fr. 30
{ Franco par la poste....... 0 fr. 35

SAINT-BRIEUC

IMPRIMERIE-LIBRAIRIE-LITHOGRAPHIE RENÉ PRUD'HOMME

1906

11. — Les autorités chargées de la révision des listes peuvent d'ailleurs facilement vérifier la capacité du postulant en consultant le casier administratif s'il est né dans la commune, et s'il n'y est pas né, en s'adressant au maire de sa commune d'origine ou en demandant son casier judiciaire (voir aux *Recueils* nº 1 de 1900, page 16, et nº 15 de 1905, page 281, les prescriptions ministérielles concernant le casier judiciaire des personnes figurant ou demandant à figurer sur les listes électorales. — Circ. préf. du 10 octobre 1905, *Recueil* nº 22 de 1905, p. 413).

12. — Tout individu qui réunit ces trois conditions de nationalité, d'âge et de jouissance des droits civils est électeur. Mais pour voter le 29 avril 1906, il faudra être *inscrit* sur la liste électorale de la commune où on voudra voter, et c'est du 1ᵉʳ janvier au 4 février qu'il faut demander son inscription à la mairie. Il est donc temps de s'en occuper.

13. — Certains électeurs peuvent, en raison de situations particulières résultant de leurs résidences multiples ou de leurs qualités de propriétaires, demander leur inscription dans telle ou telle commune, à leur choix, dans les conditions expliquées ci-après au chapitre : *Inscription aux rôles.*

Il est important que nos amis se fassent inscrire là où leurs votes peuvent être le plus utiles.

II

Conditions d'inscription sur la liste électorale.

14. — En résumé, pour être inscrit sur la liste électorale d'une commune déterminée, il faut être dans l'une des trois situations suivantes :

Ou *domicilié* (lieu du principal établissement, sans condition de durée) ;

Ou *résidant depuis six mois au moins au 31 mars 1906* ;

Ou inscrit avant le 1ᵉʳ janvier 1906 au rôle d'une des quatre contributions directes ou à celui des prestations en nature,

ou membre de la famille d'un prestataire, ou dispensé des prestations à raison de l'âge ou de la santé.

DOMICILE ET RÉSIDENCE

15. — Contrairement au préjugé courant, basé sur une législation abolie par la loi du 5 avril 1884, la condition d'une durée de six mois n'est pas imposée au domicile, mais à la résidence seulement. Le domicile d'un français est au lieu où il possède son principal établissement (*Code civil, art. 102)*, où il a une habitation réelle, où se trouve le noyau de sa fortune et de ses affaires.

Par conséquent, un cultivateur qui viendra dans une commune avant le 4 février 1906, même le 3 février, a parfaitement le droit d'exiger son inscription sur la liste électorale de cette commune, bien qu'il ne comptera que deux mois de résidence au 31 mars, date de la clôture de la liste. La jurisprudence est absolument constante en ce sens.

Nous insistons sur ce point, généralement ignoré des mairies rurales et des électeurs.

16. — Il suffit de remplir *l'une ou l'autre* des conditions de domicile réel ou de résidence ou d'inscription au rôle pour obtenir son inscription sur la liste électorale. (*Cassation*, 28 mars 1882.) Est fondé sur une erreur légale, le jugement qui a exigé la réunion des deux circonstances de domicile réel et de résidence de six mois. (*Arrêt de Cassation*, 22 mai 1888.)

17. — Le domicile d'origine se conserve tant qu'il n'est pas remplacé par l'acquisition d'un autre domicile et que l'intention d'en changer n'est pas établie d'une manière expresse et positive. (*Cass.* 11 avril 1888, 11 avril 1892.)

18. — Le mineur qui vient d'atteindre sa majorité est réputé avoir son domicile réel chez ses parents, s'il n'a pas un établissement, une industrie, une maison de commerce, ou s'il n'est pas marié ailleurs, et tant qu'il n'a pas manifesté l'intention de se fixer ailleurs. (*Cass.* 22 janvier 1850, Dalloz, périod. 1850. I. 61.)

Domicile des Domestiques

19. — Voici encore un point trop ignoré sur lequel nous appelons toute l'attention de nos amis. « Les majeurs qui servent ou travaillent habituellement chez autrui ont le même domicile que la personne qu'ils servent ou chez laquelle ils travaillent, lorsqu'ils demeurent avec elle dans la même maison. » (*Code civil*, art. 109.)

Les domestiques, gens de services, doivent donc être inscrits sur les listes électorales de la commune où les personnes qui les emploient ont leur domicile réel, quelle que soit la durée de leur séjour dans la commune (*Cass. Chambre civile*, 17 av. 1893, aff. L'herminier.)

L'expression *dans la même maison* ne veut pas dire *le même bâtiment*. Il suffit au domestique, pour avoir le domicile de son maître, d'habiter *une dépendance* de l'habitation de son maître. (*Cass. Ch. civ.* 23 Juin 1896, aff. Boyer).

Le domestique qui arrive dans une commune avant le 4 février a donc le droit de se faire inscrire sur la liste en préparation.

20. — De la disposition légale qui confère le droit électoral, soit à la résidence, soit au domicile réel, nait pour l'électeur un droit d'option, entre son domicile réel et sa résidence. (*Cassation, Ch. civ.*, 16 avril 1885).

21. — Passons maintenant à la *résidence*. La résidence, indépendante du domicile, résulte du fait de l'habitation réelle, effective, non intermittente, dans la commune, pendant six mois révolus avant le 31 mars 1906. Par suite celui qui réside ns la commune depuis le 1ᵉʳ octobre 1905 peut être inscrit. Il en est ainsi même du mineur qui n'atteindra sa majorité que le 31 mars 1906, quoique son père ou tuteur ne réside pas dans sa commune et qu'à sa résidence en majorité il doive joindre sa résidence en minorité pour parfaire la durée de six mois. (*Cass.*, 6 avril 1886 ; *Gazette des Tribunaux*, 11 avril 1886). — En cas de contestation, on peut prouver sa résidence par la présentation des quittances de loyer, ou par témoins.

INSCRIPTION AUX ROLES

22. — Les citoyens contribuables dans plusieurs communes ont le droit de se faire inscrire dans celle qui leur convient ; mais s'ils n'y ont pas leur résidence, la loi leur impose une demande et une déclaration personnelle (circ. préf. du 10 oct. 1905, *Recueil* nᵒ 22, p. 412) ; un tiers, sans mandat, ne peut réclamer en leur lieu et place ; il le peut, lorsqu'il a un mandat ou une simple lettre à cet effet.

Pour avoir droit à l'inscription, il suffit de figurer nominalement au rôle d'une des quatre contributions directes (impôt foncier, personnel-mobilier, portes et fenêtres ou patentes) ou au rôle des prestations, avant le 1ᵉʳ janvier 1906. Il n'y a pas à distinguer entre le rôle primitif et le rôle supplémentaire. Il n'appartient pas au juge de paix d'apprécier la régularité de l'inscription au rôle. Les avertissements, les extraits du rôle délivrés par le percepteur ou par le directeur des contributions directes, font preuve légale de l'inscription (Cass. arrêt du 19 avril 1888).

23. — L'inscription doit être *personnelle* ; ainsi un mari ne peut se prévaloir de l'inscription de sa femme au rôle foncier (*Cass.*, 14 avril 1880). Par contre, il peut être inscrit quand l'immeuble est porté en son nom bien qu'appartenant à sa femme (*Cass.*, 5 mai 1884). — Un individu, quoique ayant cessé d'être propriétaire, peut être inscrit sur la liste électorale s'il figure encore au rôle foncier (*Cass.*, 30 avril 1885). Inversement, celui qui est devenu propriétaire ne doit pas être inscrit, s'il n'est pas encore porté au rôle.

24. — Aucun des héritiers ne peut réclamer son inscription en vertu d'une cote de contribution portant la mention : *Héritiers d'un tel* (Cass. 20 mai 1886, Gaz. Trib. 19 août 1883.) Cependant la Cour de Cassation a reconnu qu'un propriétaire par indivis qui établit sa personnalité comme étant un des consorts nommés et portés dans la formule collective au rôle des contributions, a droit à l'inscription sur la liste électorale. (Arrêt du 16 avril 1888). En l'état actuel de la jurisprudence, il est donc licite à *plusieurs électeurs d'acquérir ensemble la moindre parcelle de terre* et de se prévaloir ensuite de leur inscription indivise au rôle de la contribution foncière pour obtenir d'être portés sur la liste électorale. — Pour avoir droit à l'inscription électorale il n'est pas indispensable qu'un citoyen paie lui-même les impôts pour lesquels il figure au rôle. (*Cass. Ch. civ.* 17 avril 1893).

25. — Ont également droit à leur inscription électorale, les prestataires et les membres de leur famille compris dans leur cote de prestation en nature. Il n'est pas nécessaire, ici, d'être *nominalement* désigné au rôle.

Fonctionnaires publics.

26. — Ceux qui sont assujettis à une résidence obligatoire dans la commune en qualité de fonctionnaires publics, doivent être inscrits, mais il faut qu'ils soient investis de leurs fonctions au moment de la révision des listes, c'est-à-dire au 4 février. Par exemple, un fonctionnaire nommé le 1er février, mais qui ne s'est rendu que le 5 février à son nouveau poste, ne peut être inscrit et doit rester *électeur dans la commune qu'il a quittée.*

27. — Le fonctionnaire public arrivé dans la commune avant le 4 février et qui a pu, par conséquent, se faire inscrire dans sa nouvelle résidence, ne peut demander son maintien sur la liste électorale de la commune qu'il a quittée, à moins qu'il n'y soit contribuable. *(Cass. Ch. Civ.,* 29 mars 1893.)

28. — La qualification de *fonctionnaire public* a donné lieu à de nombreuses controverses. Suivant la Cour de Cassation, elle comprend tous les citoyens investis d'un caractère public, qu'ils soient ou non rétribués sur les fonds de l'Etat. (C. *Cass.,* 23 nov. 1874. D. P. 1875, 1,76). Jugé qu'on doit considérer comme fonctionnaires publics un *Maître répétiteur* dans un collège communal. (*Cass.,* 20 mai 1886), — un *porteur de contraintes.* (*Cass.,* 15 avril 1886), un *sous-chef de section* sur une ligne de chemin de fer s'il est assermenté et s'il peut verbaliser. (*Cass.,* 27 avril 1880), — tous les employés assermentés des Cies de chemins de fer, — le garde-champêtre communal. (*Cass.,* 29 avril 1879).

29. — Spécialement jugé que les cantonniers des services de la voirie et les cantonniers non assermentés des chemins de fer, un garde particulier, un conseiller municipal, un cantonnier employé sur un chemin vicinal d'intérêt commun dépendant de plusieurs communes ne sont pas des fonctionnaires astreints à une résidence obligatoire. (*Cass.* 21 avril 1879, 4 mai 1880, 7 mai 1883, 4 mai 1880, 5 mai 1884).

Ministres des Cultes

30. — L'article 14 de la loi du 5 avril 1884 vise, comme assujettis à une résidence obligatoire, les ministres des cultes *reconnus* par l'Etat. Mais la loi du 9 décembre 1905 sur la Séparation des Eglises et de l'Etat déclare (art. 2) ne plus reconnaître aucun culte.

31. — Le curé d'une paroisse ne pourra donc plus invoquer la disposition ci-dessus de l'article 14 de la loi du 5 avril 1884 pour réclamer, s'il arrive dans la commune avant le 4 février, son inscription sur la liste en préparation.

Pourra-t-on exiger de lui qu'il réunisse six mois de résidence effective avant le 31 mars ? Nous ne le croyons pas. Il n'est plus, il est vrai, assimilé aux fonctionnaires publics, mais comme il est domicilié de la commune, comme il y a une habitation réelle, comme il y possède son principal et unique établissement, il invoquera l'article 102 du code civil et il pourra exiger son inscription immédiate s'il est en place avant le 4 février (voir ci-dessus au chapitre : Domicile et Résidence).

32. — Les élèves des grands séminaires ayant leur principal établissement, et par conséquent leur domicile, dans la maison où ils se préparent à la prêtrise, *peuvent être* considérés comme ayant transféré leur domicile d'origine dans la commune où est situé le grand séminaire et en conséquence, ils ne peuvent demander leur inscription sur la liste électorale de la commune où ils avaient leur domicile d'espèce. (30 avril 1888, Dalloz, 89. 1. 215). — Dalloz fait des réserves sur cette décision : code annoté, I. X. Elect. p. 930, n° 933).

33. — Le fonctionnaire public assujetti à une résidence obligatoire conserve comme tout autre citoyen le droit d'opter pour son inscription sur les listes de la commune où il est inscrit au rôle des contributions. (*Cass.*, 10 avril 1885 ; 20 mai 1885.)

Militaires.

34. — Les électeurs appelés sous les drapeaux, qui figuraient sur les listes avant l'appel ou qui, depuis, ont acquis le droit à l'inscription, doivent, malgré leur absence, être inscrits ou maintenus sur la liste. Car si le service militaire suspend l'exercice du droit électoral pendant la période de présence sous les drapeaux, il laisse au soldat sa qualité d'électeur ; et ce dernier peut en user quand il est en congé régulier de plus de 30 jours.

35. — L'élève du grand séminaire devenant soldat conserve le droit d'être inscrit sur les listes électorales de la commune où est situé l'établissement, alors qu'il doit y retourner et n'a rien fait pour transférer ailleurs son domicile.

INSCRIPTIONS MULTIPLES

36. — La loi punit de peines correctionnelles les citoyens qui se font inscrire sur deux listes. Mais ils ne sont passibles d'aucune peine, — naturellement — s'ils se trouvent inscrits, sans qu'ils l'aient demandé, sur la liste de deux communes. Dans ce cas, ils ont le choix de voter dans l'une ou l'autre commune, mais le fait d'avoir voté une fois dans l'une des communes leur ôte le droit de voter dans l'autre pour une élection do même nature.

37. — Pour prévenir les doubles inscriptions, les mairies peuvent exiger de tout électeur qui demande pour la première fois son inscription sur la liste d'une commune, la justification de sa radiation ou de démarches faites en vue de l'obtenir dans la commune où il exerçait antérieurement ses droits.

Remarque :

38. — Légalement, c'est la date du 4 février que l'on doit prendre comme limite extrême pour obtenir son inscription sur la liste électorale. A cette date, la liste des additions et des retranchements doit être arrêtée.

Dans la pratique, certaines mairies acceptent, lorsque le réclamant est de bonne foi, des modifications après le 4 février, la liste ne devant être close que le 31 mars.

Afin d'empêcher ces mairies d'user de tolérance envers les uns et de rigueur envers les autres, il convient de prendre copie le 4 février des listes d'additions et de retranchements. Muni de cette copie, on pourra exiger un traitement égal pour tous, sous peine de réclamations au juge de paix.

Permanence de la liste électorale.

39. — La liste électorale est une énumération, par ordre alphabétique, de tous les électeurs de la commune. Elle est permanente, c'est-à-dire que nul ne peut y être inscrit et qu'aucun des inscrits ne peut être rayé en dehors des cas, formes et époques prescrits par la loi. (Cass. arrêt du 18 avril 1888). Chaque liste dure un an, du 31 Mars au 31 Mars de l'année suivante, et sert à toutes les élections qui ont lieu dans le cours de l'année.

40. — La liste est publique. Tout électeur a le droit d'en prendre communication et copie soit à la mairie, soit à la préfecture. Et après chaque élection, pendant huit jours, tout électeur peut prendre au secrétariat de la mairie communication des listes d'émargement ; il lui est ainsi facile de connaître les votants et les abstentionnistes.

III

Comment doit se faire la révision de la liste électorale.

41. — La première formalité à remplir consiste dans l'établissement du tableau des additions et des retranchements à opérer sur la liste électorale. Ce tableau doit, aux termes de l'article 1er du décret réglementaire du 2 février 1852, être dressé du 1er au 10 janvier.

LA COMMISSION

42. — Il est établi par une commission composée (loi du 7 juillet 1874, art. 1er.) :

1º Du maire ou, à son défaut, d'un adjoint ;

2º D'un délégué de l'Administration désigné par le préfet ;

3º D'un délégué choisi par le conseil municipal.

ADDITIONS ET RETRANCHEMENTS

43. — Cette commission devra inscrire d'office sur le tableau des additions les citoyens qu'elle reconnaîtra avoir acquis les qualités exigées par la loi et ceux qui rempliront ces conditions avant le 1" avril. (Décret régl. du 2 février 1852, art. 1".).

Le tableau des retranchements contiendra :

1º Les individus décédés ;

2º Ceux dont la radiation a été ordonnée par l'autorité compétente ;

3º Ceux que la Commission reconnaîtrait avoir été indûment inscrits, quoique leur inscription n'ait pas été attaquée (D. R. du 20 fév. 1852, art. 1").

Avis aux électeurs radiés

44. — Avis de la radiation devra être donné sans frais aux électeurs de cette dernière catégorie, afin qu'ils puissent, s'ils le jugent convenable, présenter leurs observations (Loi du 7 juillet 1874, art. 4).

— Voir ci-après : *Appel devant le juge de paix.*

Registre

45. — La Commission tiendra un registre de toutes ses décisions et y mentionnera les motifs et les pièces à l'appui (D. R., 2 fév. 1852, art. 1er).

Ce registre doit être communiqué à tout électeur qui en fait la demande. (*C. Cass.*, 21 juillet 1886).

Elle arrêtera et signera les tableaux rectificatifs avant le 14 janvier, pour être publiés le 15 janvier.

Dépôt et publication du tableau rectificatif

46. — Ce tableau doit être déposé au secrétariat de la mairie, le 15 janvier au plus tard. (D. R. du 2 février 1852, art. 2.)

Le même jour, des affiches donneront avis du dépôt et feront connaître que les demandes en inscription ou en radiation seront reçues pendant vingt jours. (D. régl. du 2 févr. 1852, art. 5 ; Décret du 13 janvier 1866 et Loi du 7 juillet 1874, art. 2.)

La minute déposée à la mairie (une copie est adressée au sous-préfet) sera communiquée à tout requérant, qui pourra en prendre connaissance ou copie sans déplacement et la reproduire par la voie de l'impression (D. R. du 2 fév. 1852, art. 2.)

47. — Le fait que des radiations de noms ont été opérées sur la liste électorale sans que le tableau déposé le 15 janvier au secrétariat de la mairie et le tableau rectificatif dressé le 31 mars fissent mention de ces modifications, est de nature à porter atteinte à la sincérité du vote et, par suite, à entraîner l'annulation des opérations électorales. (Cons. d'Et. 18 déc. 1885, D. P. 87, 5, 181 ; Rec. Cons. d'Et. p. 976.)

48. — Le droit de demander une radiation ou une inscription appartient à tout électeur de la circonscription. (D. organique du 2 fév. 1852, art. 19.)

48. — Toute déclaration doit être inscrite sur un registre spécial ; le déclarant a le droit d'exiger un récépissé. (*C. Cass.* 28 avril 1875).

L'intéressé peut aussi écrire sa demande, ce qui vaudra encore mieux, et la porter ou l'envoyer par un électeur à la mairie en prenant soin d'en retirer récépissé.

49. — Au cas où la mairie refuserait de recevoir la déclaration ou de délivrer le récépissé, l'intéressé peut le faire constater par témoin et faire appel au juge de paix.

Le récépissé nous paraît d'autant plus indispensable que dans la plupart des mairies il n'est ouvert aucun registre pour la réception des réclamations.

Avertissement.

50. — Le maire doit avertir l'électeur dont l'inscription est contestée, pour qu'il ait à présenter ses observations. Cet avertissement sera donné sans frais et contiendra l'indication sommaire des motifs de la demande en radiation.

51. — A défaut de notification au réclamant de la décision de la commission municipale, son droit d'appel peut être exercé régulièrement sans limitation de délais. (Rég. 29 juin 1875, D. P. 76. 1. 229.)

L'appel d'une sentence non notifiée à l'électeur dont la radiation a été prononcée, est valablement formé, même après la clôture des listes électorales. (Civ. C. 4 janv. 1882, D. P. 82. 1. 369.)

Commission chargée du jugement des réclamations.

52. — Pour le jugement des réclamations, la Commission qui a préparé les tableaux rectificatifs s'adjoint deux autres délégués qui ont été désignés à l'avance par le Conseil municipal.

Notification

53. — Les décisions de cette nouvelle Commission doivent être notifiées aux intéressés dans les trois jours de leur date, par écrit et à domicile, par les soins de l'administration municipale. (Voir n° 51).

Appel devant le juge de paix

54. — L'appel des décisions de la Commission est porté devant le juge de paix par simple déclaration au greffe. (Décret organique du 2 fév. 1852, art. 22, et loi du 7 juillet 1874, art.)

Il doit être fait dans les cinq jours de la notification des décisions de la Commission (même loi, art. 4.) s'il n'y a pas de notification, voir n° 51.

55. — Tout électeur peut faire appel, même lorsqu'il n'a pas été partie dans l'instance devant la Commission.

56. — Le juge de paix doit statuer dans les dix jours, *sans frais* ni forme de procédure et sur simple avertissement donné trois jours à l'avance à toutes les parties intéressées. (D. O. 1852, art. 22). Il donne avis des infirmations par lui prononcées au maire et au préfet, dans les trois jours de la décision. (D. Régl., 2 fév. 1852, art. 6).

Pourvoi contre les décisions du juge de paix

57. — Le pourvoi devant la Cour de Cassation contre les décisions du juge de paix doit, aux termes de l'art. 23 du décret org. du 2 fév. 1852, être formé dans les dix jours de la notification.

Il n'est pas suspensif. (D. du 2 fév. 1852, art. 23).

Ces affaires sont portées devant la Chambre civile de la Cour de Cassation. (Loi du 30 nov. 1875, art. 1 § 5.)

Ceux-là seuls peuvent se pourvoir en cassation qui étaient parties devant le juge d'appel.

58. — Il y a cependant une exception, que nous allons expliquer.

Il arrive assez fréquemment que les juges de paix, par ignorance ou par esprit de parti, rendent des décisions aussi étranges qu'illégales. En voici un exemple:

La Cour de Cassation, dans son audience

du 14 juin 1904, statuant sur le pourvoi de M. Emile Roulleau contre les décisions de M. le juge de paix de St-Malo, prononça la radiation de 53 électeurs inscrits illégalement sur la liste électorale lors des élections municipales entre le premier et le second tour de scrutin.

Voici, à titre documentaire, l'arrêt rendu par la Cour, sur le rapport de M. le conseiller Faye, et les conclusions conformes de M. l'avocat général Melcot :

La Cour :
Vu les articles 7 de la loi du 20 avril 1810, 18 et 1040 du décret de procédure civile, 19 et 22 du décret organique du 2 février 1852, 8 et 19 du décret réglementaire du 2 février 1852 ;
Attendu que, si, en matière électorale comme en toute autre, il est de principe que nul ne peut se pourvoir contre un jugement dans lequel il n'a pas été partie, il y a lieu de déroger à cette règle générale lorsque le juge de paix, *statuant sans publicité, sans décision préalable de la Commission municipale et sans observer les formes légales*, a ordonné des additions de noms sur la liste électorale, et a, ainsi, mis, par son fait, les tiers électeurs dans l'impossibilité d'intervenir devant lui et d'exercer le droit de contrôle que leur reconnaît la loi :
Attendu en fait que le juge de paix de St-Malo, par diverses décisions rendues les 1, 5, 6 et 7 mai dernier, entre les deux tours de scrutin ouverts pour les élections municipales de St-Malo, a ordonné l'inscription sur la liste électorale de cette ville des cinquante-trois individus dénommés dans la requête en pourvoi ; qu'il résulte des décisions attaquées, de l'examen des minutes du greffe de la justice de paix, *de l'information à laquelle a procédé le procureur de la République de St-Malo et des aveux mêmes du juge de paix*, qu'il n'était intervenu aucune décision de la commission municipale ; qu'aucun appel n'avait été formé au greffe ; que les décisions ont été rendues sans publicité et sans l'assistance du greffier, dont elles ne portent pas la signature ; *qu'il n'en a même pas été conservé minute, et que le juge de paix s'est borné à apposer sa signature sur des feuilles autographiées et préparées d'avance, qui ont été remises aux intéressés pour leur permettre de prendre part au vote :*
Qu'en présence de *cet excès de pouvoir et de ce mépris de toutes les règles de droit*, il y a lieu de déclarer recevable le pourvoi formé, le 18 mai, par Roulleau, agissant comme tiers électeur, et, d'autre part, sta-

tuant au fond, d'annuler les décisions pour violation des articles de loi sus-visés ;
Par ces motifs ;
Casse et renvoie devant le juge de paix de Dinard.

Clôture des listes.

59. — Les pourvois ne doivent pas retarder la clôture des listes qui sont, conformément aux prescriptions de l'art. 7 du décr. régl. du 2 fév. 1852, définitivement arrêtées le 31 mars.
À cet effet, les commissions instituées par l'art. 1er de la loi du 7 juillet 1874, et fonctionnant sans l'assistance des deux délégués supplémentaires du Conseil municipal, apporteront aux tableaux publiés le 15 janvier toutes les modifications résultant soit des décisions des juges de paix prescrivant une radiation ou une inscription, soit des arrêts de la Cour de Cassation annulant un jugement qui aurait prononcé une radiation. (D. R. art. 19.) De plus elles retrancheront les noms des électeurs décédés depuis le 14 janvier et ceux dont un jugement ayant acquis force de chose jugée aurait privés du droit de vote.
Elles dresseront le tableau de ces rectifications et arrêteront définitivement la liste qui sera établie par ordre alphabétique et déposée au secrétariat de la mairie pour être communiquée à tout requérant.

60. — Le droit de prendre communication de la liste emporte celui d'en prendre copie et de la reproduire par voie de l'impression. (D. R. de 1852, art. 7 ; loi du 7 juillet 1874, art. 4.)

61. — Les listes, une fois arrêtées, sont définitives, et les seuls changements qui pourront y être apportés jusqu'à l'époque de la prochaine révision consisteront dans la radiation, que le maire opérera, des électeurs décédés ou privés de leurs droits civils et politiques par jugement passé en force de chose jugée, et dans les additions ou retranchements qui seraient ordonnés soit par des arrêts de la Cour de Cassation, soit par des décisions de juges de paix, rendus après la clôture des listes, mais sur des réclamations formées dans le délai légal.

Erreurs matérielles

62. — Tout électeur doit avoir soin d'aller le 1ᵉʳ avril vérifier son inscription sur la liste électorale. Dans le cas où il en aurait été retranché par suite d'erreur matérielle ou clandestine, il aurait encore vingt jours pour réclamer devant le juge de paix (Cass. arrêt du 9 juin 1884), si, d'ailleurs, il avait rempli toutes les formalités exigées aux époques voulues par la loi. Passé ce délai, il serait forclos. (Circ. civ., 16 août 1882, D. P. 83. 1. 120. Voir toutefois Cons. d'Et., 27 mars 1885. D. P. 86. 3. 129.)

Pénalités.

63. — Toute personne qui se sera fait inscrire sur la liste électorale sous de faux noms ou de fausses qualités, ou aura, en se faisant inscrire, dissimulé une incapacité prévue par la loi, ou aura réclamé et obtenu une inscription sur deux ou plusieurs listes, sera punie d'un emprisonnement d'un mois à un an et d'une amende de cent à mille francs. (D. org. 2 fév. 1052, art. 31.)

64. — Ceux qui, à l'aide de déclarations frauduleuses ou de faux certificats se seront fait inscrire ou auront tenté de de se faire inscrire indûment sur une liste électorale ; ceux qui, à l'aide des mêmes moyens, auront fait inscrire ou rayer, tenté de faire inscrire ou rayer indûment un citoyen, et les complices de ces délits, seront passibles d'un emprisonnement de six jours à un an et d'une amende de 5 à 500 fr. Les coupables pourront, en outre, être privés pendant deux ans de l'exercice de leurs droits civiques. (Loi du 7 juillet 1874, art. 6.)

C'est avec plaisir que nous renseignerons ceux de nos lecteurs qui désireront quelques indications nouvelles sur des cas particuliers.

Guillaume CORFEC.

TABLE ALPHABÉTIQUE ET ANALYTIQUE

Les chiffres renvoient aux numéros

LOI DU 9 DÉCEMBRE 1905

CONCERNANT

la Séparation des Eglises et de l'Etat

Le Sénat et la Chambre des députés ont adopté ;

Le président de la République promulgue la loi dont la teneur suit :

TITRE Ier

Principes

Article 1er. — La République assure la liberté de conscience. Elle garantit le libre exercice des cultes sous les seules restrictions édictées ci-après dans l'intérêt de l'ordre public.

Art. 2. — La République ne reconnaît, ne salarie ni ne subventionne aucun culte. En conséquence, à partir du 1er janvier qui suivra la promulgation de la présente loi, seront supprimées des budgets de l'Etat, des départements et des communes, toutes dépenses relatives à l'exercice des cultes. Pourront toutefois être inscrites aux dits budgets les dépenses relatives à des services d'aumônerie et destinées à assurer le libre exercice des cultes dans les établissements publics, tels que lycées, collèges, écoles, hospices, asiles et prisons.

Les établissements publics du culte sont supprimés, sous réserve des dispositions énoncées à l'article 3.

TITRE II

Attribution des biens. — Pensions.

Art. 3. — Les établissements dont la suppression est ordonnée par l'article 2 continueront provisoirement de fonctionner, conformément aux dispositions qui les régissent actuellement, jusqu'à l'attribution de leurs biens aux associations prévues par le titre IV et au plus tard jusqu'à l'expiration du délai ci-après.

Dès la promulgation de la présente loi, il sera procédé, par les agents de l'administration des domaines, à l'inventaire descriptif et estimatif :

1° Des biens mobiliers et immobiliers desdits établissements ;

2° Des biens de l'Etat, des départements et des communes dont les mêmes établissement ont la jouissance.

Ce double inventaire sera dressé contradictoirement avec les représentants légaux des établissements ecclésiastiques ou eux dûment appelés par une notification faite en la forme administrative.

Les agents chargés de l'inventaire auront le droit de se faire communiquer tous titres et documents utiles à leurs opérations.

Art. 4. — Dans le délai d'un an à partir de la promulgation de la présente loi, les biens mobiliers et immobiliers des menses, fabriques, conseils presbytéraux, consistoires et autres établissements publics du culte seront, avec toutes les charges et obligations qui les grèvent et avec leur affectation spéciale, transférés par les représentants légaux de ces établissements aux associations qui, en se conformant aux règles d'organisation générale du culte dont elles se proposent d'assurer l'exercice, se seront légalement formées, suivant les prescriptions de l'article 19, pour l'exercice de ce culte dans les anciennes circonscriptions desdits établissements.

Art. 5. — Ceux des biens désignés à l'article précédent qui proviennent de l'Etat et qui ne sont pas grevés d'une fondation pieuse créée postérieurement à la loi du 18 germinal en X feront retour à l'Etat.

Les attributions de biens ne pourront être faites par les établissements ecclésiastiques qu'un mois après la promulgation du règlement d'administration publique prévu à l'article 43. Faute de quoi la nullité pourra en être demandée devant le tribunal civil par toute partie intéressée ou par le ministère public.

En cas d'aliénation par l'association cultuelle de valeurs mobilières ou d'immeubles faisant partie du patrimoine de l'établissement public dissous, le montant du produit de la vente devra être employé en titres de rente nominatifs ou dans les conditions prévues au paragraphe 2 de l'article 22.

L'acquéreur des biens aliénés sera personnellement responsable de la régularité de cet emploi.

Les biens revendiqués par l'Etat, les départements ou les communes ne pourront être aliénés, transformés ni modifiés jusqu'à ce qu'il ait été statué sur la revendication par les tribunaux compétents.

Art. 6. — Les associations attributaires des biens des établissements ecclésiastiques supprimés seront tenues des dettes de ces établissements, ainsi que de leurs emprunts sous réserve des dispositions du troisième paragraphe du présent article ; tant qu'elles ne seront pas libérées de ce passif, elles auront droit à la jouissance des biens productifs de revenus qui doivent faire retour à l'Etat en vertu de l'article 5.

Le revenu global desdits biens reste affecté au payement du reliquat des dettes régulières et légales de l'établissement public supprimé, lorsqu'il ne se sera formé aucune association cultuelle apte à recueillir le patrimoine de cet établissement.

Les annuités des emprunts contractés pour dépenses relatives aux édifices religieux seront supportées par les associations en proportion du temps pendant lequel elles auront l'usage de ces édifices par application des dispositions du titre III.

Dans le cas où l'Etat, les départements ou les communes rentreront en possession de ceux des édifices dont ils sont propriétaires, ils seront responsables des dettes régulièrement contractées et afférentes auxdits édifices.

Art. 7. — Les biens mobiliers ou immobiliers grevés d'une affectation charitable ou de toute autre affectation étrangère à l'exercice du culte seront attribués, par les représentants légaux des établissements ecclésiastiques, aux services ou établissements publics ou d'utilité publique, dont la destination est conforme à celle desdits biens. Cette attribution devra être approuvée par le préfet du département où siège l'établissement ecclésiastique. En cas de non-approbation, il sera statué par décret en conseil d'Etat.

Toute action en reprise ou en revendication devra être exercée dans un délai de six mois à partir du jour où l'arrêté préfectoral ou le décret approuvant l'attribution aura été inséré au *Journal officiel*. L'action ne pourra être intentée qu'en raison de donations ou de legs et seulement par les auteurs et leurs héritiers en ligne directe.

Art. 8. — Faute par un établissement ecclésiastique d'avoir, dans le délai fixé par l'article 4, procédé aux attributions ci-dessus prescrites, il y sera pourvu par décret.

A l'expiration dudit délai, les biens à attribuer seront, jusqu'à leur attribution, placés sous séquestre.

Dans le cas où les biens attribués en vertu de l'article 4 et du paragraphe 1er du présent article seront, soit dès l'origine, soit dans la suite, réclamés par plusieurs associations formées pour l'exercice du même culte, l'attribution qui en aura été faite par les représentants de l'établissement ou par décret pourra être contestée devant le conseil d'Etat statuant au contentieux, lequel prononcera en tenant compte de toutes les circonstances de fait.

La demande sera introduite devant le Conseil d'Etat, dans le délai d'un an à partir de la date du décret ou à partir de la notification, à l'autorité préfectorale, par les représentants légaux des établissements publics du culte, de l'attribution effectuée par eux. Cette notification devra être faite dans le délai d'un mois.

L'attribution pourra être ultérieurement contestée en cas de scission dans l'association nantie, de création d'association nouvelle par suite d'une modification dans le territoire de la circonscription ecclésiastique et dans le cas où l'association attributaire n'est plus en mesure de remplir son objet.

Art. 9. — A défaut de toute association pour recueillir les biens d'un établissement public du culte, ces biens seront attribués par décret aux établissements communaux d'assistance ou de bienfaisance situés dans les limites territoriales de la circonscription ecclésiastique intéressée.

En cas de dissolution d'une association, les biens qui lui auront été dévolus en exécution des articles 4 et 8 seront attribués par décret rendu en conseil d'Etat, soit à des associations analogues dans la même circonscription ou, à leur défaut, dans les circonscriptions les plus voisines, soit aux établissements visés au paragraphe 1er du présent article.

Toute action en reprise ou en revendication devra être exercée dans un délai de six mois à partir du jour où le décret aura été inséré au *Journal Officiel*. L'action ne pourra être intentée qu'en raison de donations ou de legs et seulement par les auteurs et leurs héritiers en ligne directe.

Art. 10. — Les attributions prévues par les articles précédents ne donnent lieu à aucune perception au profit du Trésor.

Art. 11. — Les ministres des cultes qui, lors de la promulgation de la présente loi, seront âgés de plus de soixante ans révolus et qui auront, pendant 30 ans au moins, rempli des fonctions ecclésias-tiques rémunérées par l'Etat, recevront une pension annuelle et viagère égale aux trois quarts de leur traitement.

Ceux qui seront âgés de plus de 45 ans et qui auront, pendant vingt ans au moins, rempli des fonctions ecclésiastiques rémunérées par l'Etat, recevront une pension annuelle et viagère égale à la moitié de leur traitement.

Les pensions allouées par les deux paragraphes précédents ne pourront pas dépasser 1.500 fr.

En cas de décès des titulaires, ces pensions seront réversibles, jusqu'à concurrence de la moitié de leur montant, au profit de la veuve et des orphelins mineurs laissés par le défunt et, jusqu'à concurrence du quart, au profit de la veuve sans enfants mineurs. A la majorité des orphelins, leur pension s'éteindra de plein droit.

Les ministres des cultes actuellement salariés par l'Etat, qui ne seront pas dans les conditions ci-dessus, recevront, pendant quatre ans à partir de la suppression du budget des cultes, une allocation égale à la totalité de leur traitement pour la première année, aux deux tiers pour la deuxième, à la moitié pour la troisième, au tiers pour la quatrième.

Toutefois, dans les communes de moins de 1,000 habitants et pour les ministres des cultes qui continueront à y remplir leurs fonctions, la durée de chacune des quatre périodes ci-dessus indiquées sera doublée.

Les départements et les communes pourront, sous les mêmes conditions que l'Etat, accorder aux ministres des cultes actuellement salariés par eux des pensions ou des allocations établies sur la même base et pour une égale durée.

Réserve est faite des droits acquis en matière de pensions par application de la législation antérieure, ainsi que des secours accordés, soit aux anciens ministres des différents cultes, soit à leur famille.

Les pensions prévues aux deux premiers paragraphes du présent article ne pourront se cumuler avec toute autre pension ou tout autre traitement alloué, à titre quelconque, par l'Etat, les départements ou les communes.

La loi du 27 juin 1885, relative au personnel des facultés de théologie catholique supprimées, est applicable aux professeurs, chargés de cours, maîtres de conférences et étudiants des facultés de théologie protestante.

Les pensions et allocations prévues ci-dessus seront incessibles et insaisissables dans les mêmes conditions que les pensions civiles. Elles cesseront de plein droit en cas de condamnation à une peine afflictive ou infamante ou en cas de condamnation pour l'un des délits prévus aux articles 34 et 35 de la présente loi.

Le droit à l'obtention ou à la jouissance d'une pension ou allocation sera suspendu par les circonstances qui font perdre la qualité de Français, durant la privation de cette qualité.

Les demandes de pension devront être, sous peine de forclusion, formées dans le délai d'un an après la promulgation de la présente loi.

TITRE III

Des édifices des cultes

Art. 12. — Les édifices qui ont été mis à la disposition de la nation et qui, en vertu de la loi du 18 germinal an X, servent à l'exercice public des cultes ou au logement de leurs ministres (cathédrales, églises, chapelles, temples, synagogues, archevêchés, évêchés, presbytères, séminaires), ainsi que leurs dépendances immobilières et les objets mobiliers qui les garnissaient au moment où lesdits édifices ont été remis aux cultes, sont et demeurent propriétés de l'Etat, des départements et des communes.

Pour ces édifices, comme pour ceux postérieurs à la loi du 18 germinal an X, dont l'Etat, les départements et les communes seraient propriétaires, y compris les facultés de théologie protestante, il sera procédé conformément aux dispositions des articles suivants.

Art. 13. — Les édifices servant à l'exercice public du culte, ainsi que les objets mobiliers les garnissant, seront laissés gratuitement à la disposition des établissements publics du culte, puis des associations appelées à les remplacer auxquelles les biens de ces établissements auront été attribués par application des dispositions du titre II.

La cessation de cette jouissance, et, s'il y a lieu, son transfert seront prononcés par décret, sauf recours au conseil d'Etat statuant au contentieux :

1° Si l'association bénéficiaire est dissoute ;

2° Si, en dehors des cas de force majeure, le culte cesse d'être célébré pendant plus de six mois consécutifs;

3° Si la conservation de l'édifice ou celle des objets mobiliers classés en vertu de la loi de 1887 et de l'article 16 de la présente loi est compromise par insuffisance d'entretien, et après mise en demeure dûment notifiée du conseil municipal ou, à son défaut, du préfet ;

4° Si l'association cesse de remplir son objet ou si les édifices sont détournés de leur destination ;

5° Si elle ne satisfait pas soit aux obligations de l'article 6 ou du dernier paragraphe du présent article, soit aux prescriptions relatives aux monuments historiques.

La désaffectation de ces immeubles pourra, dans les cas ci-dessus prévus, être prononcée par décret rendu en conseil d'Etat. En dehors de ces cas, elle ne pourra l'être que par une loi.

Les immeubles autrefois affectés aux cultes et dans lesquels les cérémonies du culte n'auront pas été célébrées pendant le délai d'un an antérieurement à la présente loi, ainsi que ceux qui ne seront pas réclamés par une association cultuelle dans le délai de deux ans après sa promulgation, pourront être désaffectés par décret.

Il en est de même pour les édifices dont la désaffectation aura été demandée antérieurement au 1er juin 1905.

Les établissements publics du culte, puis les associations bénéficiaires seront tenus des réparations de toute nature, ainsi que des frais d'assurance et autres charges afférentes aux édifices et aux meubles les garnissant.

Art. 14. — Les archevêchés, évêchés, les presbytères et leurs dépendances, les grands séminaires et facultés de théologie protestante seront laissés gratuitement à la disposition des établissements publics du culte, puis des associations prévues à l'article 13, savoir : les archevêchés et évêchés pendant une période de deux années ; les presbytères dans les communes où résidera le ministre du culte, les grands séminaires et facultés de théologie protestante pendant cinq années à partir de la promulgation de la présente loi.

Les établissements et associations sont soumis, en ce qui concerne ces édifices, aux obligations prévues par le dernier paragraphe de l'article 13. Toutefois, ils ne seront pas tenus des grosses réparations.

La cessation de la jouissance des établissements et associations sera prononcée dans les conditions et suivant les formes déterminées par l'article 13. Les dispositions des paragraphes 3 et 5 du même article sont applicables aux édifices visés par le paragraphe 1er du présent article.

La distraction des parties superflues des presbytères laissés à la disposition des associations cultuelles pourra, pendant le délai prévu au paragraphe 1er, être prononcée pour un service public par décret rendu en conseil d'Etat.

A l'expiration des délais de jouissance gratuite, la libre disposition des édifices sera rendue à l'Etat, aux départements ou aux communes.

Les indemnités de logement incombant actuellement aux communes, à défaut de presbytère, par application de l'article 136 de la loi du 5 avril 1884, resteront à leur charge pendant le délai de cinq ans. Elles cesseront de plein droit en cas de dissolution de l'association.

Art. 15. — Dans les départements de la Savoie, de la Haute-Savoie et des Alpes-Maritimes, la jouissance des édifices antérieurs à la loi du 18 germinal an X, servant à l'exercice des cultes ou au logement de leurs ministres, sera attribuée par les communes sur le territoire desquelles ils se trouvent, aux associations cultuelles, dans les conditions indiquées par les articles 12 et suivants de la présente loi. En dehors de ces obligations, les communes pourront disposer librement de la propriété de ces édifices.

Dans ces mêmes départements, les cimetières resteront la propriété des communes.

Art. 16. — Il sera procédé à un classement complémentaire des édifices servant à l'exercice public du culte (cathédrales, églises, chapelles, temples, synagogues, archevêchés, évêchés, presbytères, séminaires), dans lequel devront être compris tous ceux de ces édifices représentant, dans leur ensemble ou dans leurs parties, une valeur artistique ou historique.

Les objets mobiliers ou les immeubles par destination mentionnés à l'article 13, qui n'auraient pas encore été inscrits sur la liste de classement dressée en vertu de la loi du 30 mars 1887, sont, par l'effet de la présente loi, ajoutés à ladite liste. Il sera procédé par le ministre de l'instruction publique et des beaux-arts, dans le délai de trois ans, au classement définitif de ceux de ces objets dont la conservation présenterait, au point de vue de l'histoire ou de l'art, un intérêt suffisant. A l'expiration de ce délai, les autres objets seront déclassés de plein droit.

En outre, les immeubles et objets mobiliers, attribués en vertu de la présente loi aux associations pourront être classés dans les mêmes conditions que s'ils appartenaient à des établissements publics.

Il n'est pas dérogé, pour le surplus, aux dispositions de la loi du 30 mars 1887.

Les archives ecclésiastiques et bibliothèques existant dans les archevêchés, évêchés, grands séminaires, paroisses, succursales et leurs dépendances, seront inventoriées, et celles qui seront reconnues propriété de l'Etat lui seront restituées.

Art. 17. — Les immeubles par destination classés en vertu de la loi du 30 mars 1887 ou de la présente loi sont inaliénables et imprescriptibles.

Dans le cas où la vente ou l'échange d'un objet classé serait autorisé par le ministre de l'instruction publique et des beaux-arts, un droit de préemption est

accordé : 1° aux associations cultuelles ;
2° aux communes ; 3° aux départements ;
4° aux musées et sociétés d'art et d'archéologie ; 5° à l'Etat. Le prix sera fixé
par trois experts que désigneront le vendeur, l'acquéreur et le président du tribunal civil.

Si aucun des acquéreurs visés ci-dessus
ne fait usage du droit de préemption, la
vente sera libre; mais il est interdit à
l'acheteur d'un objet classé de le transporter hors de France.

Nul travail de réparation, restauration
ou entretien à faire aux monuments ou
objets mobiliers classés ne peut être commencé sans l'autorisation du ministre des
Beaux-Arts, ni exécuté hors de la surveillance de son administration, sous
peine, contre les propriétaires, occupants
ou détenteurs qui auraient ordonné ces
travaux, d'une amende de seize à quinze
cents francs (16 à 1,500 fr.)

Toute infraction aux dispositions ci-dessus ainsi qu'à celles de l'article 16 de
la présente loi et des articles 4, 10, 11,
12 et 13 de la loi du 30 mars 1887, sera
punie d'une amende de cent à dix mille
francs (100 à 10,000 fr.) et d'un emprisonnement de six jours à trois mois, ou
de l'une de ces deux peines seulement.

La visite des édifices et l'exposition des
objets mobiliers classés seront publiques ;
elles ne pourront donner lieu à aucune
taxe ni redevance.

TITRE IV

Des associations pour l'exercice des cultes

Art. 18. — Les associations formées
pour subvenir aux frais, à l'entretien et
à l'exercice public d'un culte devront
être constituées conformément aux articles 5 et suivants du titre 1er de la loi du
1er juillet 1901. Elles seront, en outre,
soumises aux prescriptions de la présente
loi.

Art. 19. — Ces associations devront
avoir exclusivement pour objet l'exercice d'un culte et être composées au
moins :

Dans les communes de moins de 1.000
habitants, de sept personnes ;

Dans les communes de 1.000 à 20.000
habitants, de quinze personnes ;

Dans les communes dont le nombre
des habitants est supérieur à 20.000, de
25 personnes majeures, domiciliées ou
résidant dans la circonscription religieuse.

Chacun de leur membre pourra s'en
retirer en tout temps, après payement
des cotisations échues et de celles de
l'année courante, nonobstant toute clause
contraire.

Nonobstant toute clause contraire des
statuts, les actes de gestion financière et
d'administration légale des biens accomplis par les directeurs ou administrateurs
seront, chaque année au moins, présentés
au contrôle de l'assemblée générale des
membres de l'association et soumis à son
approbation.

Les associations pourront recevoir, en
outre des cotisations prévues par l'article 6 de la loi du 1er juillet 1901, le produit des quêtes et collectes pour les frais
du culte, percevoir des rétributions : pour
les cérémonies et services religieux même
par fondation ; pour la location des bancs
et sièges ; pour la fourniture des objets
destinés au service des funérailles dans
les édifices religieux et à la décoration
de ces édifices.

Elles pourront verser, sans donner lieu
à perception de droits, le surplus de leurs
recettes à d'autres associations constituées pour le même objet.

Elles ne pourront, sous quelque forme
que ce soit, recevoir des subventions de
l'Etat, des départements ou des communes. Ne sont pas considérées comme subventions les sommes allouées pour réparations aux monuments classés.

Art. 20. — Ces associations peuvent
dans les formes déterminées par l'article 7 du décret du 16 août 1901, constituer des unions ayant une administration
ou une direction centrale ; ces unions seront réglées par l'article 18 et par les cinq
derniers paragraphes de l'article 19 de la
présente loi.

Art. 21.—Les associations et les unions
tiennent un état de leurs recettes et de

leurs dépenses ; elles dressent chaque année le compte financier de l'année écoulée et l'état inventorié de leurs biens, meubles et immeubles.

Le contrôle financier est exercé sur les associations et sur les unions par l'administration de l'enregistrement et par l'inspection générale des finances.

Art. 22. — Les associations et unions peuvent employer leurs ressources disponibles à la constitution d'un fonds de réserve suffisant pour assurer les frais et l'entretien du culte et ne pouvant, en aucun cas, recevoir une autre destination : le montant de cette réserve ne pourra jamais dépasser une somme égale, pour les unions et associations ayant plus de cinq mille francs (5.000 fr.) de revenu, à trois fois et, pour les autres associations, à six fois la moyenne annuelle des sommes dépensées par chacune d'elles pour les frais du culte pendant les cinq derniers exercices.

Indépendamment de cette réserve, qui devra être placée en valeurs nominatives, elles pourront constituer une réserve spéciale dont les fonds devront être déposés en argent ou en titres nominatifs, à la caisse des dépôts et consignations, pour être exclusivement affectés, y compris les intérêts, à l'achat, à la construction, à la décoration ou à la réparation d'immeubles ou meubles destinés aux besoins de l'association ou de l'union.

Art. 23. — Seront punis d'une amende de seize francs (16 fr.) à deux cents francs (200 fr.) et, en cas de récidive, d'une amende double, les directeurs ou administrateurs d'une association ou d'une union qui auront contrevenu aux articles 18, 19, 20, 21 et 22.

Les tribunaux pourront, dans le cas d'infraction au paragraphe 1er de l'article 22, condamner l'association ou l'union à verser l'excédent constaté aux établissements communaux d'assistance ou de bienfaisance.

Ils pourront, en outre, dans tous les cas prévus au paragraphe 1er du présent article, prononcer la dissolution de l'association ou de l'union.

Art. 24. — Les édifices affectés à l'exercice du culte appartenant à l'Etat, aux départements ou aux communes continueront à être exemptés de l'impôt foncier et de l'impôt des portes et fenêtres.

Les édifices servant au logement des ministres des cultes, les séminaires, les facultés de théologie protestante qui appartiennent à l'Etat, aux départements ou aux communes, les biens qui sont la propriété des associations et unions sont soumis aux mêmes impôts que ceux des particuliers.

Les associations et unions ne sont en aucun cas assujetties à la taxe d'abonnement ni à celle imposée aux cercles par l'article 33 de la loi du 8 août 1890, pas plus qu'à l'impôt de 4 p. 100 sur le revenu établi par les lois du 28 décembre 1880 et du 29 décembre 1884.

TITRE V

Police des Cultes

Art. 25. — Les réunions pour la célébration d'un culte tenues dans les locaux appartenant à une association cultuelle ou mis à sa disposition sont publiques. Elles sont dispensées des formalités de l'article 8 de la loi du 30 juin 1881, mais restent placées sous la surveillance des autorités dans l'intérêt de l'ordre. Elles ne peuvent avoir lieu qu'après une déclaration faite dans les formes de l'article 2 de la même loi et indiquant le local dans lequel elles seront tenues.

Une seule déclaration suffit pour l'ensemble des périodes permanentes, périodiques ou accidentelles qui auront lieu dans l'année.

Art. 26. — Il est interdit de tenir des réunions politiques dans les locaux servant habituellement à l'exercice d'un culte.

Art. 27. — Les cérémonies, processions et autres manifestations extérieures d'un culte continueront à être réglées en conformité des articles 95 et 97 de la loi municipale du 5 avril 1884.

Les sonneries de cloches seront réglées par arrêté municipal, et en cas de désaccord entre le maire et le président ou directeur de l'association cultuelle, par arrêté préfectoral.

Le règlement d'administration publique prévu par l'article 43 de la présente loi déterminera les conditions et les cas dans lesquels les sonneries civiles pourront avoir lieu.

Art. 28. — Il est interdit, à l'avenir, d'élever ou d'apposer aucun signe ou emblème religieux sur les monuments publics ou en quelque emplacement public que ce soit, à l'exception des édifices servant au culte, des terrains de sépulture dans les cimetières, des monuments funéraires, ainsi que des musées ou expositions.

Art. 29. — Les contraventions aux articles précédents sont punies des peines de simple police.

Sont passibles de ces peines, dans le cas des articles 25, 26 et 27, ceux qui ont organisé la réunion ou manifestation, ceux qui ont participé en qualité de ministres du culte et, dans le cas des articles 25 et 26, ceux qui ont fourni le local.

Art. 30. — Conformément aux dispositions de l'article 2 de la loi du 28 mars 1882, l'enseignement religieux ne peut être donné aux enfants âgés de six à treize ans, inscrits dans les écoles publiques, qu'en dehors des heures de classe.

Il sera fait application aux ministres des cultes qui enfreindraient ces prescriptions, des dispositions de l'article 14 de la loi précitée.

Art. 31. — Sont punis d'une amende de seize francs (16 fr.) à deux cents francs (200 fr.), et d'un emprisonnement de six jours à deux mois ou de l'une de ces deux peines seulement, ceux qui, soit par voies de fait, violences ou menaces contre un individu, soit en lui faisant craindre de perdre son emploi ou d'exposer à un dommage sa personne, sa famille ou sa fortune, l'auront déterminé à exercer ou à s'abstenir d'exercer un culte, à faire partie ou à cesser de faire partie d'une association cultuelle, à contribuer ou à s'abstenir de contribuer aux frais d'un culte.

Art. 32. — Seront punis des mêmes peines ceux qui auront empêché, retardé ou interrompu les exercices d'un culte par des troubles ou désordres causés dans le local servant à ces exercices.

Art. 33. — Les dispositions des deux articles précédents ne s'appliquent qu'aux troubles, outrages ou voies de fait, dont la nature ou les circonstances ne donneront pas lieu à de plus fortes peines d'après les dispositions du code pénal.

Art. 34. — Tout ministre d'un culte qui, dans les lieux où s'exerce ce culte, aura publiquement par des discours prononcés, des lectures faites, des écrits distribués ou des affiches apposées, outragé ou diffamé un citoyen chargé d'un service public sera puni d'une amende de cinq cents francs à trois mille francs (500 à 3.000 fr.) et d'un emprisonnement de un mois à un an, ou de l'une de ces deux peines seulement.

La vérité du fait diffamatoire, mais seulement s'il est relatif aux fonctions, pourra être établie devant le tribunal correctionnel dans les formes prévues par l'article 52 de la loi du 29 juillet 1881. Les prescriptions édictées par l'article 65 de la même loi s'appliquent aux délits du présent article et de l'article qui suit.

Art. 35. — Si un discours prononcé ou un écrit affiché ou distribué publiquement dans les lieux où s'exerce le culte, contient une provocation directe à résister à l'exécution des lois ou aux actes légaux de l'autorité publique, ou s'il tend à soulever ou à armer une partie des citoyens contre les autres, le ministre du culte qui s'en sera rendu coupable sera puni d'un emprisonnement de trois mois à deux ans, sans préjudice des peines de la complicité, dans le cas où la provocation aurait été suivie d'une sédition, révolte ou guerre civile.

Art. 36. — Dans le cas de condamnation par les tribunaux de simple police ou de police correctionnelle en application des articles 25 et 26, 34 et 35, l'association constituée pour l'exercice du culte dans l'immeuble où l'infraction a été commise sera civilement responsable.

TITRE VI

Dispositions générales

Art. 37. — L'article 463 du Code pénal et la loi du 26 mars 1891 sont applicables à tous les cas dans lesquels la présente loi édicte des pénalités.

Art. 38. — Les congrégations religieuses demeurent soumises aux lois du 1ᵉʳ juillet 1901, 4 décembre 1902 et 7 juillet 1904.

Art. 39. — Les jeunes gens, qui ont obtenu à titre d'élèves ecclésiastiques la dispense prévue par l'article 23 de la loi du 15 juillet 1889, continueront à en bénéficier conformément à l'article 99 de la loi du 21 mars 1905, à la condition qu'à l'âge de 26 ans ils soient pourvus d'un emploi de ministre du culte rétribué par une association cultuelle et sous réserve des justifications qui seront fixées par un règlement d'administration publique.

Art. 40. — Pendant huit années à partir de la promulgation de la présente loi, les ministres du culte seront inéligibles au Conseil municipal dans les communes où ils exerceront leur ministère ecclésiastique.

Art. 41. — Les sommes rendues disponibles chaque année par la suppression du budget des cultes seront réparties entre les communes au prorata du contingent de la contribution foncière des propriétés non bâties qui leur aura été assigné pendant l'exercice qui précédera le promulgation de la présente loi.

Art. 42. — Les dispositions légales relatives aux jours actuellement fériés sont maintenues.

Art. 43. — Un règlement d'administra-tion publique rendu dans les trois mois qui suivront la promulgation de la présente loi déterminera les mesures propres à assurer son application.

Des règlements d'administration publique détermineront les conditions dans lesquelles la présente loi sera applicable à l'Algérie et aux colonies.

Art. 44. — Sont et demeurent abrogées toutes les dispositions relatives à l'organisation publique des cultes antérieurement reconnus par l'Etat, ainsi que toutes dispositions contraires à la présente loi, et notamment :

1° La loi du 18 germinal an X, portant que la convention passée le 26 messidor an IX entre le pape et le gouvernement français, ensemble les articles organiques de ladite convention et des cultes protestants, seront exécutés comme des lois de la République ;

2° Le décret du 26 mars 1852 et la loi du 1ᵉʳ août 1879 sur les cultes protestants ;

3° Les décrets du 17 mars 1808, la loi du 8 février 1831 et l'ordonnance du 25 mai 1844 sur le culte israélite ;

4° Les décrets des 22 décembre 1812 et 19 mars 1859 ;

5° Les articles 201 à 208, 260 à 264, 294 du Code pénal ;

6° Les articles 100 et 101, les paragraphes 11 et 12 de l'article 136 et l'article 167 de la loi du 5 avril 1884 ;

7° Le décret du 30 décembre 1809 et l'article 78 de loi du 26 janvier 1892.

La présente loi, délibérée et adoptée par le Sénat et par la Chambre des députés, sera exécutée comme loi de l'Etat.

Fait à Paris, le 9 décembre 1905.

EMILE LOUBET.

LES ÉLECTIONS LÉGISLATIVES DU 29 AVRIL 1906

DANS LES COTES-DU-NORD

On lira avec intérêt, à la veille des élections législatives du 29 avril 1906, les résultats par cantons des élections du 27 avril 1902.

1re circonscription de Saint-Brieuc

Cantons	Inscrits	Vot.	Armez élu	Morane
St-Brieuc (N.)	5447	3897	1939	1930
Châtelaudren.	2995	2315	1100	1201
Etables......	3127	1833	798	1027
Lanvollon....	3388	2398	1114	1261
Paimpol......	5724	3418	2387	1001
Plouha.......	2335	1334	710	620
Totaux.	23016	15195	8048	7040

2e circonscription de Saint-Brieuc

Cantons	Limon élu	Rioche	Boyer
Saint-Brieuc (Midi)...	2945	1472	949
Lamballe...........	2540	943	264
Moncontour	2440	631	348
Pléneuf...........	1266	721	425
Plœuc	1600	473	329
Quintin	1745	225	444
Totaux.	12536	4465	2759

1re circonscription de Dinan

Cantons	Inscrits	Vot.	Jacquemin élu	Baudet
Dinan (Est)...	4680	3334	2488	796
Dinan (Ouest).	3351	2290	1623	614
Caulnes......	2702	2336	1080	1248
Evran........	2792	2140	1700	419
Ploubalay....	2266	1533	1186	336
Totaux.	15791	11633	8077	3413

M. Jacquemin étant décédé le 21 novembre 1902, de nouvelles élections eurent lieu le 22 février 1903 :

Cantons	Vte de la Bintinaye	Rosse	Baudet
Dinan (Est)..........	1065	1563	863
Dinan (Ouest)........	857	1050	749
Caulnes.............	895	154	1221
Evran...............	1411	335	503
Ploubalay...........	922	514	386
Totaux...	5150	3616	3723

BALLOTTAGE

Scrutin de ballottage du 8 mars 1903

M. Rosse s'étant retiré de la lutte :

Cantons	Baudet élu	Vte de la Bintinaye
Dinan (Est)..............	1901	1383
Dinan (Ouest)	1559	928
Caulnes.................	1327	990
Evran..................	800	1407
Ploubalay..............	899	920
Totaux....	6477	5650

2e circonscription de Dinan

Cantons	Inscrits	Vot. de Largentaye élu	Mando
Broons.......	4323	3701	2265	1382
Jugon.......	3224	2676	1657	1009
Matignon.....	4357	3408	1835	1520
Plancoët.....	3587	3086	1967	1092
Plélan-le-Petit.	1544	1340	655	684
Totaux.	16935	14211	8379	5687

1re circonscription de Guingamp

Cantons	Inscrits	Vot.	Vte du Roscoat élu	Rioa
Guingamp....	4270	3289	1538	1711
Bégard.......	2729	2101	1287	795
Belle-Isle-en-Terre.	3574	2738	1401	1341
Plouagat......	2370	1941	1134	778
Pontrieux	3192	2402	1252	1048
Totaux.	16135	12471	6612	5673

2e circonscription de Guingamp

Cantons	Inscrits	Vot.	L. Ollivier élu	Dr Quéré
Bourbriac....	2944	2419	1615	795
Callac........	4657	3815	1463	2339
Maël-Carhaix.	2759	2212	849	1362
Rostrenen....	3970	2913	1753	1150
St-Nicolas-du-Pélem	2853	2316	1570	735
Totaux.	17183	13675	7250	6381

1re circonscription de Lannion

Cantons	Inscrits	Vot.	Derrien élu	Le Bellec
Lannion......	4204	3259	2240	1001
Plestin.......	3955	2919	1483	1422
Plouaret	5001	3893	2190	1683
Totaux.	13160	10071	5913	4106

M. Henry Derrien étant décédé le 7 octobre 1903, une nouvelle élection eut lieu le 29 novembre 1903 :

Cantons	Inscrits	Vot.	Mis de Rosanbo élu	Dr Aurégan
Lannion......	4213	3183	1931	1174
Plestin.......	3901	2893	1704	1126
Plouaret	4978	3779	1998	1754
Totaux.	13992	9855	5633	4054

2e circonscription de Lannion

Cantons	Inscrits	Vot.	P. Le Troadec élu	Rioualer
La Roche-Derrien	2574	2134	929	1171
Lézardrieux .	3653	2527	1919	587
Perros-Guirec	4061	2751	1469	1249
Tréguier	4395	2966	1329	1606
Totaux.	14683	10378	5646	4613

Arrondissement de Loudéac

Cantons	Inscrits	Vot.	Mando élu
Loudéac.............	3717	2519	2353
Collinée.............	2349	1527	1201
Corlay	1767	1072	786
Gouarec.............	2073	1354	1180
La Chèze............	3199	2235	2079
Merdrignac..........	3954	2932	2573
Mûr................	1679	1238	1038
Plouguenast.........	3614	2610	2543
Uzel	2214	1649	1219
Totaux...	24566	17136	14972

ÉLECTIONS CANTONALES DE JUILLET 1907

CONSEILLERS GÉNÉRAUX SORTANTS

CANTONS	CONSEILLERS	CANTONS	CONSEILLERS
Saint-Brieuc (Midi)..	Louis Ollivier.	Bourbriac............	Du Roscoat.
Etables............	Léon Le Cornec.	Callac	Marquis de Kerouartz.
Lanvollon...........	Le Bourdellès.	Rostrenen..........	Cazin d'Honincthun.
Paimpol	Armez.	St-Nicolas-du-Pélem.	De Cuverville.
Pléneuf...........	Léon Carfantan.	Lézardrieux........	Le Troadec.
Quintin...........	G. Limon.	La Roche-Derrien...	J. Le Rolland.
Caulnes...........	Baudet.	Plestin-les-Grèves...	Marquis de Rosanbo.
Evran	Vte de la Bintinaye.	Tréguier...........	G. de Kerguézec.
Matignon...........	Padel.	Gouarec............	Vte de Janzé.
Plélan-le-Petit	Comte de Lorgeril.	Mûr	De Keranflec'h.
Ploubalay...... ...	Hita de Nercy.	Plouguenast........	Mando.
Bégard............	Monfort.	Uzel	Ollitraut Dureste.

CONSEILLERS D'ARRONDISSEMENT SORTANTS

CANTONS	CONSEILLERS	CANTONS	CONSEILLERS
Saint-Brieuc (Nord) .	Guyon Francisque.	Maël-Carhaix	J. Rivoal.
Châtelaudren.......	Corbel Augustin.	Plouagat............	Corbel, Augustin.
Lamballe...........	Alex, de Launay.	Pontrieux..........	Gallou.
Moncontour........	Le Bel de Penguilly.	Lannion	Le Parquer.
Plœuc.............	Allo.	—	Le Guen, René.
Plouha............	Le Cornec.	Perros-Guirec	Audren.
Dinan (Est)........	Pommeret, F.	Plouaret...........	Le Gac.
Dinan (Ouest)	Petibon, H.	—	Conan.
Broons............	Ch. Saliou.	Loudéac	Le Roux.
Jugon.............	Perrichon.	Collinée...........	De la Guibourgère.
Plancoët...........	Dagorne.	Corlay	Fraboulet.
Guingamp..........	Le Bail.	La Chèze...........	Martin, Louis.
Belle-Isle-en-Terre..	Desjars.	Merdrignac.........	Fauvel.

L'INDÉPENDANCE BRETONNE

JOURNAL POLITIQUE QUOTIDIEN, A 5 CENTIMES

Abonnement : Un An, **20** fr. ; Six mois, **12** fr.

L'Electeur des Côtes-du-Nord

GRAND JOURNAL HEBDOMADAIRE, A 5 CENTIMES

Abonnement : **3** francs par An

On demande des correspondants et des vendeurs dans les localités où il n'y en a pas déjà.

ANNONCES. — Les annonces sont taxées dans les deux journaux 0 fr. 20 la ligne, et les réclames 0 fr. 30. On traite à forfait pour les insertions plusieurs fois répétées. Les annonces commerciales à l'année profitent d'un rabais considérable. La voie du journal est la plus commode et la plus économique pour louer ou vendre des propriétés, acheter ou vendre des chevaux, voitures, chiens de chasse, trouver des domestiques ou des employés, etc. Les deux journaux reçoivent les insertions judiciaires.

UNE BONNE PRÉCAUTION

Depuis la mise en vigueur de la nouvelle Loi sur les Accidents du travail, le commerçant, l'industriel, l'agriculteur, s'empressent de se décharger sur les Compagnies, en contractant une police d'assurances, des responsabilités qui les frappent.

Mais ce n'est pas assez pour un chef d'entreprise que d'assurer ses ouvriers : il doit s'assurer lui-même contre les accidents. Il a peut-être une police d'assurance sur la vie, mais dont le montant ne sera payé qu'à son décès, ou au bout de 15 ou 20 ans, si c'est une assurance *mixte*; — ou il est assuré contre les accidents, et pas sur la vie, et alors en cas de décès par suite de mort naturelle, il ne touche rien.

La Compagnie Française d'assurances sur la vie, **L'Aigle**, qui a obtenu une **médaille d'or** à l'Exposition Universelle de Paris 1900, offre au public une combinaison *vie-accidents* qui devrait être choisie par toutes les personnes dont la profession les expose aux accidents, petits ou grands.

Prenons par exemple un père de famille âgé de 35 ans : Dans n'importe quelle autre Compagnie une prime-vie de 307 francs garantirait une somme de 10.000 francs payable aussitôt son décès à sa femme et à ses enfants. A la **Compagnie l'Aigle, la même prime** (*à la seule condition de renoncer à la participation éventuelle aux bénéfices*) lui donnerait droit, en outre, à une police contre les accidents, garantissant :

1° En cas d'incapacité permanente et absolue de travail, un capital de **10.000 fr.** ;

2° En cas d'incapacité partielle de travail professionnel (accidents de second degré), à un capital de **5.000 fr.** ;

3° En cas de mutilation partielle (accidents de troisième degré), à un capital de **2.500 fr.** ;

4° En cas d'incapacité temporaire, à une indemnité quotidienne de **10 fr.**

S'adresser à M. CORFEC, 27, rue Renan, à Saint-Brieuc, qui s'empressera d'adresser à toute personne qui lui en fera la demande, une notice explicative très détaillée. — S'adresser au même pour les autres combinaisons d'assurances sur la vie et contre l'incendie.